JULES ROY

LES FRANC-COMTOIS EN ORIENT

HENRI MOUHOT

PREMIER EXPLORATEUR DU LAOS

(Indo-Chine)

1826-1861

DOLE

VERNIER-ARCELIN, ÉDITEUR

1884

LES FRANC-COMTOIS EN ORIENT

HENRI MOUHOT

JULES ROY

LES FRANC-COMTOIS EN ORIENT

HENRI MOUHOT

PREMIER EXPLORATEUR DU LAOS

(Indo-Chine)

1826-1861

DOLE

VERNIER-ARCELIN, ÉDITEUR

1884

HENRI MOUHOT

Le 7 juin 1883, au dîner des Gaudes, notre secrétaire, M. Henri Chapoy, à qui rien de ce qui intéresse notre chère Comté n'est indifférent, nous annonçait qu'un franc-comtois jeune, savant et brave, Eugène Garnier, avait été blessé à côté du commandant Rivière, et il ajoutait avec émotion : « Il a combattu et il souffre dans ces pays dont un Comtois, Mouhot, a le premier ouvert la route. » Ce dernier nom étant une révélation pour un certain nombre d'entre nous, M. H. Chapoy résolut de faire connaître à ses compatriotes ce martyr de la science, qui est tombé en 1861 sur ces plages inhospitalières, où nos soldats plantent aujourd'hui le drapeau français au prix de leur sang. Quoiqu'il ait fait part de son intention aux lecteurs de la *Revue franc-comtoise*, il a bien voulu me céder sa place en raison de l'amitié qui me lie au frère de Henri Mouhot. Je l'en remercie. J'avais à cœur depuis longtemps de raviver le souvenir de ce modeste savant, que plusieurs historiens des découvertes modernes n'ont pas mentionné, malgré les articles qui lui avaient été consacrés par les *Annales franc-comtoises*, le *Tour du Monde*, la *Revue des Deux-Mondes* et la *Revue de France*. C'est oublier trop tôt ceux qui ont bien mérité de la patrie et je suis heureux, comme franc-comtois, de pouvoir redire ici ce qu'a été Henri Mouhot et ce qu'il a fait pour la gloire du nom français en Orient.

Alexandre-Henri Mouhot naquit à Montbéliard le 15 mai 1826, de parents peu fortunés, mais entourés de l'estime générale. Ils s'imposèrent de lourds sacrifices pour subvenir à l'instruction et à l'éducation de leurs enfants, et la mère, femme du plus grand mérite, paya de sa vie son dévouement maternel; elle mourut jeune, épuisée de fatigues, en 1844. Le père, honorable employé de l'administration sous Louis-Philippe et la République, vivait encore en 1869, exerçant à Montbéliard les modestes fonctions de receveur de l'octroi.

C'est au collège de sa ville natale que Henri Mouhot fit ses études, et il s'adonna d'abord à la philosophie avec la pensée de devenir professeur; mais, de bonne heure, ses maîtres avaient remarqué chez lui un vif amour pour les arts, une heureuse aptitude pour les langues et un grand esprit d'investigation dans l'ordre des sciences naturelles. Subissant l'influence de ces qualités, dominé d'ailleurs par un goût passionné pour les voyages et les recherches scientifiques dans les pays étrangers, Mouhot ne put résister longtemps aux propensions naturelles de son esprit et il partit pour la Russie, où il espérait trouver à la fois une honnête aisance et un complément à ses études. Là, les sociétés littéraires et artistiques l'accueillent avec empressement; il devient professeur et entre, en cette qualité, au corps des cadets de Voronèje. Il reste douze ans dans l'empire des Czars, le parcourant en tous sens, dessinant les sites divers du pays, les portraits des hommes éminents, les monuments de l'art sous toutes ses formes, et l'avenir s'ouvrait d'autant plus brillant devant lui que son caractère franc et ouvert, son cœur généreux et son esprit bienveillant, le rendaient cher à tous; mais la guerre franco-russe le ramena au milieu des siens. Ce ne fut pas pour longtemps : il retrouvait au foyer domestique un frère digne de lui, Charles Mouhot, qui partageait ses idées et ses goûts, tenait à se former à son école et à lui consacrer le dévouement le plus sûr et l'affection la plus inébranlable. Ils quittèrent Montbéliard pour visiter l'Allemagne, l'Italie et la Hollande : c'était au début de la photographie; cette découverte apparut aux deux frères avec toute la variété des ressources qu'elle devait offrir à la science, et ils se firent les propagateurs des nouveaux procédés, parcourant les musées et les campagnes, pour reproduire tous les chefs-d'œuvre de la nature et des arts. Ils fondèrent à La Haye un grand établissement artistique, vécurent quelque temps en Angleterre où ils épousèrent les deux nièces de Mungo-Park et s'établirent dans l'île de Jersey. C'est là que Henri Mouhot rédigea ses études d'histoire naturelle, notamment l'ornithologie et la conchyliologie, études qui ranimèrent en lui le désir d'entreprendre des voyages lointains et de développer les sciences naturelles en fouillant quelques-uns des pays inexplorés de l'Asie. Un livre anglais sur le royaume de Siam lui étant tombé entre les mains, ce fut comme un éclair illuminant sa vie, comme une révélation de sa destinée ; il prit la résolution de compléter ce que les missionnaires catholiques avaient pu nous apprendre sur les régions mystérieuses de l'intérieur de l'Indo-Chine, et de les visiter en remontant le cours des grands fleuves qui descendent des massifs montagneux du Thibet.

Il fit part de ses projets d'abord à une société française qui ne lui offrit aucun secours, puis au gouvernement de l'Empereur qui lui refusa même le passage gratuit à bord de ses vaisseaux ; mais les sociétés de géographie et de zoologie de Londres approuvèrent entièrement le plan de son expédition et l'aidèrent puissamment à l'exécuter. C'est le 27 avril 1858 que Mouhot s'embarqua à Londres pour se rendre à Singapour, où il arriva le 3 septembre. Dès lors, sa vie entière s'écoula dans ces étonnantes contrées. Tour à tour Bangkok, « la ville royale des Anges, la Venise de l'Orient, » l'Ajuthia ancienne et l'Ajuthia moderne dans la vallée du Ménam, Arajick, le mont Phrabat, Sarabüri, Pakprian, reçoivent sa visite et forment les principales étapes de son voyage dans l'intérieur du royaume de Siam. Partout il recueille de curieux détails sur les mœurs et les usages des habitants, leur gouvernement, leur commerce et leur industrie ; il noue des relations avec les souverains indigènes, explore les antiquités du pays, rectifie les données de la géographie sur un grand nombre de points, fait des collections d'histoire naturelle et découvre un bon nombre d'espèces rares ou inconnues. A Bangkok, il démêle les races diverses qui grouillent sur les îlots chargés de huttes sales et misérables et nous les décrit telles que la superstition et le servilisme les ont faites, quelquefois cruelles et sanguinaires, le plus souvent grossières, toujours à plat ventre devant le monarque et pour un tiers au moins esclaves de corps et de biens. A Ajuthia, il retrouve les monuments curieux d'un passé plein de mystères, dessine les sites merveilleux qui ont été reproduits dans l'édition anglaise de ses Voyages, fait des collections de papillons et d'insectes nouveaux, de coquilles terrestres et d'animaux rares et note avec soin les richesses incomparables de la flore et de la faune, la puissance de la nature dans toute sa variété : « Les arbres des forêts sont chargés de légumes et de fruits exquis ; les rivières, les lacs et les étangs abondent en poissons ; quelques bambous suffisent pour la construction d'une maison. Le débordement périodique des eaux se charge, dans la plaine, de rendre la terre d'une fertilité extraordinaire. Ici l'homme n'a qu'à semer et planter ; il abandonne le soin du reste au soleil et il ne connaît ni ne sent le besoin de tous ces objets de luxe qui font partie de la vie de l'Européen... Quel contraste entre cette nature-ci et celle de notre Europe ! Comparé à ce globe enflammé, à ce ciel étincelant, que notre soleil est pâle, que notre ciel est froid et sombre ! Qu'il est doux, le matin, de se lever avant ce soleil éclatant ! Et qu'il est plus doux encore, le soir, de prêter l'oreille à ces mille sons, ces cris stridents et métalliques, qui s'élèvent de tous les points du sol, comme si une armée d'orfèvres et de batteurs d'or étaient à l'ouvrage ! De silence, de repos, nulle part ; partout et toujours on ne voit, on n'entend que le bouillonnement de la vie dans cette nature exubérante.... Que le peuple, dans ce pays, serait heureux, s'il ne croupissait pas dans l'esclavage le plus abject ! »

Au village d'Arajick, il reçut du mandarin l'accueil le plus affable, les éléphants et les hommes nécessaires pour faire une excursion au mont Phrabat, pèlerinage fameux où les Siamois vont en grand nombre adorer tous les ans le vestige du pied de Bouddha. Il se trouva là en présence d'un spectacle extraordinaire, sur un sol bouleversé, déchiré, où une force d'une puissance infinie a soulevé des roches immenses, transporté et entassé les uns sur les autres des milliers de blocs erratiques. Jusqu'au sommet de la montagne, dans les vallées, dans les crevasses des rochers, dans les grottes, partout il rencontra des empreintes d'animaux, parmi lesquelles celles d'éléphant et de tigre étaient les mieux marquées et les plus communes et il put se convaincre que plusieurs de ces empreintes provenaient d'animaux antédiluviens et inconnus. Il séjourna une semaine sur ce mont et en rapporta d'intéressantes collections et des reliques pétries avec les cendres d'anciens rois.

En quittant le mont Phrabat, Mouhot visita plusieurs villages du district de Pakprian, et en observateur toujours préoccupé des intérêts de la science comme des intérêts commerciaux de l'Europe, il fit une étude approfondie de cette province qui diffère sensiblement du reste du royaume Siamois. Tout le terrain est couvert de fer hydroxydé et de fragments d'aérolithes ; aussi la végétation y est chétive et les bambous en forment la plus grande partie ; mais partout où les détritus ont formé une couche d'humus un peu épaisse, elle est au contraire d'une grande richesse et d'une grande variété. Les arbres, hautes et innombrables futaies, fournissent des gommes et des huiles qui seraient précieuses pour le commerce et l'industrie si l'on pouvait engager les habitants paresseux et insouciants à les recueillir. Les forêts sont infestées de tigres, de léopards et de chats-tigres. Là, comme en bien d'autres endroits, l'héroïque voyageur fit expier à ces animaux leurs rapines et se fit de leurs peaux des nattes pour la barque sur laquelle allait désormais se passer le reste de son existence.

Ce voyage dans l'intérieur du Siam lui avait permis d'essayer ses forces et de faire de riches collections qu'il envoya en Angleterre. Il revint à Bangkok heureux de pouvoir adresser un premier témoignage de gratitude aux sociétés scientifiques de Londres et plus résolu que jamais à pousser plus loin ses explorations.

Le second voyage de Henri Mouhot eut pour but l'exploration d'une des régions mystérieuses de l'Indo-Chine centrale, le Cambodge. Dernier reste de l'ancien royaume Khmer, ce petit Etat qui limite à l'Ouest la Cochinchine française, présente une étendue un peu plus considérable avec une population moitié moindre, car plusieurs districts de son territoire sont inhabités; il embrasse une partie du delta terminal du Mékong, dont le nom signifie « mère des fleuves, » et qui, descendu des plateaux neigeux du Thibet, a déjà fourni une course de plus de huit cents lieues quand il entre sur notre territoire pour s'y jeter dans la mer par de nombreuses embouchures. Mouhot a raconté avec une grande abondance de détails les péripéties émouvantes de son long séjour sur les rives du grand fleuve. Parti de Bangkok sur une barque de pêcheurs, à la fin de décembre 1858, il arrivait le 4 janvier à Chantaboun, ville bâtie à six ou sept milles des montagnes, sur le golfe de Siam, peuplée d'Annamites chrétiens, de marchands chinois, de quelques Annamites païens et de Siamois; le commerce n'y est pas considérable, car les taxes, les corvées, l'usure, les prévarications des mandarins ruinent les familles et stérilisent le travail. Cependant on exporte à Bangkok une assez grande quantité de poivre, un peu de sucre et de café, des nattes de joncs très jolies, une grande quantité de poisson sec et salé, ainsi que de l'écaille de tortue. La plupart des Chinois se livrent à l'opium et au jeu; les Annamites chrétiens ont en général une conduite plus réglée, mais leur caractère est tout différent de celui des Siamois. Ceux-ci sont mous, paresseux, légers, hospitaliers, simples et sans orgueil; les Annamites au contraire sont maigres, actifs, prompts et haineux, vindicatifs et surtout orgueilleux; entre parents même il y a des dissensions continuelles; on n'a pas de pitié pour le pauvre ou le malheureux; il est serviteur-né du puissant. Le pays rappelle beaucoup la province de Pakpriau; la plaine est peut-être encore plus déserte et plus inculte, mais au pied de la montagne s'ouvrent de charmantes vallées, où quelques centaines de Chinois se livrent à la culture du poivre.

Après avoir visité les îles du golfe, très intéressantes sous tous les rapports, quoique sur plusieurs d'entre elles les tigres fussent aussi nombreux que les singes, Henri Mouhot se prépara à gagner Kampot, l'unique port du Cambodge; il eut la bonne fortune d'attacher à son service Phraï, jeune et intelligent Chinois qui connaissait les mœurs et les habitudes des oiseaux et des quadrupèdes de ces régions, et qui devint le compagnon assidu et dévoué de tous ses voyages; il parcourut avec lui autour de Chantaboun de riches vallées, de vastes forêts, explora des grottes profondes, étudia les coutumes des indigènes dans plusieurs fêtes populaires, et tout en se défendant contre les serpents ou les léopards, il n'oublia point d'enrichir ses collections d'histoire naturelle.

A Kampot, il fut cordialement accueilli par l'abbé Hestrest, missionnaire apostolique de la congrégation des Missions-Etrangères qui le présenta au roi de Cambodge alors en visite dans cette ville.

Là, comme à Siam, si l'on veut obtenir les bonnes grâces du roi ou des mandarins, il faut commencer par donner des présents. Henri Mouhot eut soin de ne pas manquer à cet usage; il offrit à S. M. une canne à fusil anglaise, son portefeuille, et un instant il put croire qu'il serait obligé de donner encore sa montre qui attirait si bien l'attention de cet étrange souverain qu'il en demanda le prix. En retour, le prince lui donna une lettre pour le recommander aux autorités du pays et lui promit trois chariots pour le conduire à Udong, capitale actuelle du Cambodge.

Mais quels chariots! Quand Henri Mouhot les vit, il trouva que les voitures à chiens des Hollandais auraient mieux fait son affaire, et il s'empressa d'envoyer promener les trois brouettes du roi de Cambodge avec tous ses compliments pour cette majesté légèrement originale. Ses illusions sur les Cambodgiens venaient de disparaître; il avait pensé que, supportant très peu d'impôts et de taxes, ce peuple devait vivre dans l'abondance et le bien-être, et avoir des mœurs plus douces que les Siamois, tandis qu'il y rencontrait, à peu d'exceptions près, tous les vices des peuples voisins, sans aucune de leurs qualités : la misère, l'orgueil, la grossièreté, la fourberie, la lâcheté, la servilité, et une paresse excessive.

Sur tout le parcours de Kampot à Udong, il ne trouva qu'un terrain sablonneux, un seul petit village, peu de traces de culture, rien qui pût faire supposer que l'intérieur des forêts était habité. Autour de la capitale seulement, les champs de riz commencèrent à se montrer, ainsi que de petites maisonnettes entourées de jardins fruitiers, maisons de campagne de l'aristocratie qui y vient chaque soir humer un air plus pur que celui qu'on respire à la cour et à la ville. Au Cambodge comme à Siam, il y a deux rois, et la nouvelle de la présence de notre intrépide explorateur fut à peine connue que le second roi lui envoya deux pages pour le prier de venir lui rendre visite. Son bagage n'étant pas encore arrivé, Mouhot objecta qu'il ne pouvait se rendre auprès du roi en costume de voyage. « Oh! cela ne fait rien; le roi n'a pas de costume du tout, et il sera enchanté de vous voir. » Il se rendit donc au palais. La cour qui le précède était défendue par une douzaine de canons, jetés au hasard sur le sol et dans la gueule desquels nichaient les moineaux.

Plus loin, une nuée de vautours dévoraient les restes du repas du roi et des gens du palais. Le roi le reçut fort gracieusement, et après quelques instants de conversation il se retira en lui faisant promettre de revenir. Il revint, et pour le garder quelques jours de plus, le roi lui dit : « Demain vous dînerez chez moi ; le jour suivant je vous conduirai voir la ville du premier roi, et le soir je ferai jouer la comédie. » Mouhot s'empressa de déférer au désir du souverain, et le lendemain à 4 heures il était au palais, en habit, pantalon et gilet de toile d'une blancheur éclatante ; un casque de liège, recouvert de mousseline blanche complétait sa singulière toilette. Le roi l'attendait en fumant un bouri, et dès qu'il entra, il lui tendit la main en souriant, et le pria de prendre place et de commencer son repas; selon l'usage du pays, il voulait honorer son invité en assistant au repas sans y prendre part lui-même. Le dîner se composa de poulet, de canard et de poisson exquis; on servit aussi des gelées et des fruits confits, des bananes, des mangues, puis le thé que le roi prit avec Mouhot en lui offrant un cigare de Manille. Enfin un page plaça une boîte à musique sur la table, et le premier air qui en sortit fut la *Marseillaise;* le second, l'*Air des Girondins*. Le voyageur ayant paru fort surpris d'entendre ces airs dans le palais d'un roi..... régnant, le prince lui demanda si les souverains de l'Europe faisaient jouer souvent ces deux airs : « Sire, ils les réservent comme choses solennelles pour les grandes circonstances seulement! » En prenant congé du roi, Mouhot obtint de lui une lettre pour les chefs des provinces de son royaume et deux éléphants pour continuer son voyage, et le 2 juillet, après avoir mangé le riz ordinaire du matin, il se mit en route pour Pinhalu, village situé sur la rive droite du Mékong et assez considérable. Il y arriva de bonne heure le même jour.

Dès qu'il eut mis le pied dans ce pays, la peur s'empara de ses domestiques; elle fut à son comble quand il leur annonça qu'il fallait partir pour visiter les tribus sauvages de Stiêngs, au-delà du grand fleuve. Le Cambodge est, en effet, très redouté des Siamois; les montagnes et surtout les forêts habitées par les Stiêngs ont, à cause de leur insalubrité, auprès des Cambodgiens et des Annamites, une réputation analogue à celle dont Cayenne jouit parmi nous. Ces craintes ne purent l'arrêter; il s'installa dans une petite barque, conduite par deux rameurs, et se dirigea vers le Mékong. Il s'arrêta un jour entier à Penom-Penh, le grand bazar du Cambodge, afin de visiter cette ville longue et sale, rendez-vous des pêcheurs du lac Touli-sap et des marchands de coton, et de faire emplette de verroterie, de fil de laiton et de cotonnade qui devaient leur être utiles comme objets d'échange avec les sauvages. Dans la grande île de Ko-Sutin, il serra la main d'un des nombreux pionniers de la civilisation, que la France donne à l'extrême Orient, M. Cordier, missionnaire apostolique et provicaire de la mission de Cambodge; il prit ensuite la voie de terre et, après avoir traversé d'épaisses forêts, passé des nuits sans abri, subi des intermittences de fièvre, il déboucha le 16 août 1859, à neuf heures du matin, dans une clairière de 250 à 300 mètres carrés, entre deux éminences dont toute la base plongeait dans un profond marécage; sur la hauteur opposée il aperçut deux longues maisons de bambous recouvertes de chaume et entourées d'un jardin; puis, se dessinant sur le ciel, au-dessus des bambous du voisinage, la modeste croix plantée depuis deux ans au milieu de ces effrayantes solitudes, par deux nobles Français.

C'était la mission de Brelum. Un pauvre missionnaire franc-comtois, M. Guilloux, les jambes couvertes de plaies envenimées, résultat des courses où l'entraînait son zèle, vint à sa rencontre en chancelant sur les troncs d'arbre jetés en guise de pont au travers des marais. Mouhot salua avec émotion ce noble enfant de sa patrie, qui avait bravé la misère, les privations, les fatigues et la mort pour apporter à ces sauvages les bienfaits de la religion et de la civilisation : « Que Dieu te récompense de tes nobles et pénibles travaux, car les hommes sont impuissants à le faire, et, du reste, ta récompense n'est pas de ce monde ! » Avec quel bonheur il pénétra dans l'humble presbytère au toit d'herbes sèches, aux parois de roseaux, au parquet de terre nue ! Il y était reçu en ami ! Quelle consolation après tant d'épreuves ! Il vécut trois mois au milieu des Stiêngs, au sein des bois et des bêtes sauvages de toutes les espèces, le fusil constamment chargé, ayant à se défendre à la fois contre les éléphants, les rhinocéros, les tigres et contre les scorpions, les centipèdes, les serpents, les moustiques et les sangsues. En se couchant comme en se levant, il risquait de mettre le pied ou la main sur quelque reptile venimeux des plus dangereux ; il en tua plusieurs dans la maison, soit d'un coup de fusil, soit d'un coup de hache ; en écrivant il fallait faire le guet et s'interrompre de temps en temps pour écouter le rugissement des tigres guettant les porcs à travers leur clôture de bambous, ou le bruit des rhinocéros brisant les planches qui s'opposaient à leur passage pour venir dévorer les ronces du jardin du presbytère. Ces dangers permanents ne l'empêchèrent point d'étudier les mœurs curieuses du peuple Stiêng, de recueillir bien des observations intéressantes, et de couvrir ses carnets, à la lueur d'une torche, de notes d'une exactitude scrupuleuse qui sont encore les meilleures notions que nous ayons sur les tribus de ces sombres régions.

De Brelum il rayonna partout où l'entraînaient l'ardeur de la chasse et les exigences de l'étude : au nord, jusqu'à mi-chemin de Bassac, dans un district métallurgique où d'excellent minerai de fer attend l'industrie européenne ; au sud-ouest, dans la zone forestière que les haines de races ont ménagée entre les tribus du Mékong et l'empire annamite, sorte de marche déserte dont les tigres seuls font la police. Il trouva un petit nombre d'oiseaux intéressants, de belles coquilles terrestres et de beaux insectes, dont plusieurs spécimens nouveaux dans ces deux genres. C'est de là que viennent le beau *Bulimus Cambogiensis* et l'*Helix Cambogiensis*, ainsi que l'*Helix Mouhoti*, qui ont été pour la première fois collationnés et décrits par notre savant naturaliste.

Le 29 novembre, Mouhot quitta le toit hospitalier de Brelum pour gagner, par le lac Touli-Sap, qui est la Méditerranée du Cambodge, la ville de Battambang, où un autre prêtre français, M. Sylvestre, lui offrit l'hospitalité et l'aida dans ses recherches de naturaliste et d'archéologue. Ils explorèrent ensemble les ruines d'Ongkor, qui fut la capitale de l'ancien royaume de Cambodge ou de Khmer, si fameux autrefois parmi les grands Etats de l'Indo-Chine. Aux environs de cette ville sacrée, de cette Jérusalem du bouddhisme, dans un rayon de 200 à 400 kilomètres, sont disséminés les plus remarquables débris de l'ancienne civilisation khmer. L'origine de ces monuments est encore obscure. Ce sont des citadelles immenses, de grandes voies de communications, des ponts, des canaux et des réservoirs, des palais, des temples, d'énormes pyramides commémoratives. Les monuments religieux sont élégants de formes, riches d'ornements, superbes d'effet ; bâtis d'un seul jet sur un plan unique, ils surpassent en étendue tous les temples connus, même ceux de l'Egypte ; par leurs sculptures hiératiques, ils rappellent les constructions de l'Inde ; mais ils leur sont supérieurs par leur magnifique ordonnance architecturale. Henri Mouhot a décrit tous les objets qui l'ont frappé le plus dans ces ruines incomparables ; il nous fait aller de merveille en merveille, dans un état d'admiration toujours croissante, et les dessins qui accompagnent ses descriptions donnent encore une idée plus grandiose de ces œuvres de quelque Michel-Ange inconnu. On sait le retentissement qu'eut cette découverte archéologique, qui sera peut-être la plus grande de ce siècle. Quand une main amie eut recueilli et publié à Londres les notes de Henri Mouhot, l'amiral de la Grandière, gouverneur de la Cochinchine, ne put résister au désir de voir les merveilles qu'il avait décrites ; il se rendit à Ongkor et visita les ruines en détail, et son admiration fut telle qu'il n'hésita pas à les déclarer supérieures à tout ce que l'on peut voir de semblable

PALAIS D'ONGKOR-WAT

en Europe. Une pareille déclaration était comme un appel auquel s'empressèrent de répondre plusieurs nations : la France envoya MM. Durand et Rondet, qui dessinèrent les principaux motifs d'ornementation ; les Anglais Kennedy, King et Thomson allèrent prendre de nombreuses vues des monuments ; l'Allemagne à son tour envoya le docteur Bastian. Enfin le gouvernement français institua une commission spécialement chargée de reconnaître la vallée supérieure du Mékong et de visiter les monuments du pays. Le capitaine de frégate Doudart de Lagrée fut mis à la tête de l'expédition ; deux lieutenants de vaisseau, Francis Garnier et L. Delaporte, l'accompagnèrent ; les docteurs Thorel et Joubert, médecins de la marine, et le vicomte de Carné, délégué du ministre des affaires étrangères, se joignirent à ces trois officiers. Il sortit de tout ce mouvement une série de descriptions qui confirmèrent celle que Henri Mouhot avait eu le mérite de donner le premier ; les commissaires français firent aussi une collection d'un grand nombre de moulages et de bas-reliefs, de frontons, de chapiteaux, de piliers, de pilastres et d'inscriptions, de dessins, de photographies, d'aquarelles et d'esquisses ; ils rapportèrent 70 pièces de sculpture, d'architecture, et 34 panneaux se faisant suite. Cette collection d'antiquités kmers, qui appartient à la France, est unique au monde. Rien ne cause plus de surprise que ces œuvres d'art venues d'un pays barbare et dénotant, dans le passé de l'Indo-Chine, une civilisation et une puissance de génie qui semblent s'être surpassées, afin de confondre l'imagination des générations futures. Mais en contemplant, il y a quelques années, au palais de Compiègne, ces ruines imposantes du lointain et glorieux passé d'un peuple qui n'est plus, j'éprouvais un sentiment pénible à la pensée que le nom du savant à qui nous devons ces découvertes, était un franc-comtois à peine connu de quelques amis. Aujourd'hui, en retraçant ces lignes, j'éprouve un sentiment de reconnaissance et j'en adresse la respectueuse expression à sa ville natale, qui vient de rappeler son nom à la mémoire des générations qui ne l'ont pas connu, et de montrer que la Franche-Comté n'oublie pas ceux qui lui font honneur.

Après avoir séjourné trois semaines dans les murs d'Ongkor-Wat pour dessiner et lever des plans, Henri Mouhot revint à Battambâng, où il se mit en quête des moyens nécessaires pour le ramener à Bangkok ; mais sous différents prétextes, malgré l'aide du vice-roi, il fut retenu près de deux mois à Battambâng avant de pouvoir s'éloigner de cette ville. Enfin le 5 mars, il put se mettre en route avec deux chariots et deux paires de buffles vigoureux, et il arriva à Bangkok le 4 avril avec une ménagerie complète et une riche collection de fleurs, d'insectes et d'oiseaux. Son excursion avait duré quinze mois, et pendant la plus grande partie de ce temps, il n'avait pas couché dans un lit, et n'avait eu que de mauvaise eau à boire et une nourriture composée de riz et de poisson sec. Souvent trempé jusqu'aux os, bivaquant les nuits devant un feu au pied des arbres, il conservait toujours son sang-froid et sa gaieté, surtout quand il avait le bonheur de faire quelque découverte. Une coquille inédite, un insecte nouveau le transportaient de joie, et jamais il n'éprouva autant de jouissances que dans ces profondes solitudes, loin du bruit des villes et des intrigues, vivant libre au milieu de cette grandiose et imposante nature. Une grande joie pour lui, après ces quinze mois de voyage et de privation absolue de nouvelles d'Europe, fut de trouver à Bangkok un énorme paquet de lettres lui apprenant une infinité de choses de la famille et de la patrie absentes. Qu'il dut lui être doux, après tant de mois de solitude, de relire les lignes tracées par les mains bien aimées d'un vieux père, d'une femme, d'un frère ! Il savoura quelques semaines ces jouissances qu'il a comptées avec raison parmi les plus pures de sa vie, et il fit ses préparatifs pour le grand voyage qui devait couronner son expédition scientifique et qui lui coûta la vie. Il voulait visiter le Laos, en traversant Dong-Phya-Phaïe (la forêt du Roi-du-Feu), remonter jusqu'à Hieng-Naie sur les frontières de la Cochinchine, arriver aux confins du Tonkin, redescendre le Mékong et revenir par la Cochinchine.

La saison des pluies étant survenue, il ne put mettre immédiatement ce plan à exécution parce que les forêts étaient impraticables, mais il ne se résigna point à un repos forcé, et il se mit à explorer la province de Petchabury, située vers le 13° de latitude, au nord de la péninsule malaise ; il y visita des grottes d'une largeur et d'une profondeur surprenantes, d'un pittoresque extrême, plusieurs des monts détachés de la grande chaîne Khao-Deng et quelques villages habités par des Laotiens qui, établis là depuis deux ou trois générations, sont venus du nord-est du grand lac Sap et des bords du Mékong. Mouhot effectua ces courses sous des torrents de pluie et en luttant constamment contre l'ennemi le plus terrible et le plus odieux, les moustiques, qui ne l'avaient jamais autant torturé ; des milliers de ces cruelles bêtes étaient occupées jour et nuit à lui sucer le sang ; son corps, sa figure et ses mains n'étaient que plaies et qu'ampoules, de sorte qu'il devint presque aveugle et qu'il lui arriva par moments de *hurler* de douleur et d'exaspération.

Revenu à Bangkok au mois de septembre 1860, il acheva ses préparatifs de départ, et s'embarqua sur le Ménam pour gagner ces solitudes du Laos plus sauvages encore que celles qu'il avait déjà parcourues. M. Malherbes, négociant français résidant à Bangkok, qui lui avait toujours témoigné les plus vives sympathies, l'accompagna quelques heures en amont de cette ville, et ils ne purent se séparer sans verser quelques larmes, en abandonnant à la destinée le droit de les réunir ici-bas ou ailleurs. La légère embarcation de M. Malherbes redescendit rapidement le fleuve et fut en quelques instants hors de vue ; Henri Mouhot était de nouveau seul avec lui-même, et ce fut le cœur gonflé qu'il fit reprendre à sa barque sa marche pénible. C'est toujours un dur moment pour le voyageur qui a laissé derrière lui tout ce qu'il a de plus cher au monde, famille, amis, patrie, de quitter une étape hospitalière pour pénétrer seul dans un pays dangereux et souvent mortel. Ceux-là seuls qui ont traversé ce moment peuvent comprendre cette angoisse. Mouhot savait ce qui l'attendait ; les missionnaires et les indigènes l'avaient prévenu ; un seul homme à sa connaissance, un missionnaire français avait pénétré au cœur du Laos, et il avait eu juste le temps de venir mourir dans les bras de Mgr Pallegoix, vénérable prélat auquel nous devons la meilleure description du royaume de Siam. Il connaissait la misère, les fatigues, les tribulations de toute sorte auxquelles il s'exposait ; il n'ignorait pas qu'il pouvait payer d'une maladie dangereuse ou d'une fièvre mortelle la moindre imprudence, mais entraîné par une force supérieure, emporté par la passion de la science, il sentait qu'il fallait obéir et marcher, et confiant en la Providence qui avait jusqu'alors veillé sur lui, il se dit résolûment : en avant ! Sa pensée se porta une fois encore vers la France, et il consigna dans son journal ce touchant souvenir à l'adresse de ses parents : «......l'expression de la tendre et continuelle affection des miens me fait oublier mes épreuves. Merci, mes bons amis! Je continuerai pendant ce voyage à prendre note de mes petites aventures. Tous les soirs, enfermé sous ma moustiquaire, soit dans quelque cabane, soit au pied d'un arbre, au milieu des jungles ou au bord d'un ruisseau, je veux causer avec vous : vous serez les compagnons de mon voyage, et mon plaisir sera de vous confier toutes mes impressions et toutes mes pensées. » Il salua aussi une dernière fois Bangkok et les résidents français et étrangers qui lui avaient si souvent montré combien, si loin de la terre natale, une amitié délicate et attentive fait de bien au cœur, et il s'abîma dans la contemplation du spectacle merveilleux qu'il avait tout autour de lui.

Les rives du Ménam, fertilisées par l'inondation, étaient couvertes à perte de vue de superbes moissons; l'atmosphère était pure et sereine, le temps agréable et le vent frais. Tout dans la nature lui souriait, et il se sentait rempli d'animation et de joie. L'inondation, qui couvrait tout le delta du fleuve, lui permit, dès le premier jour du voyage, de couper à travers champs, de naviguer au milieu de belles rizières, et de pousser une pointe jusqu'à Nophabury, la Louvo des écrivains du dernier siècle, où les rois de Siam avaient leur résidence d'été et venaient chasser les éléphants pendant les grandes eaux. Cette ville, quoique bien déchue, est encore le chef-lieu d'une des plus riches provinces du royaume, de la plus agréable peut-être. Dominant au midi les plus fertiles rizières, elle s'appuie au nord sur des collines couvertes de plantations de corrossols et de bananiers, et que domine à l'horizon bleuâtre un vaste demi-cercle de montagnes boisées. On embrasse l'ensemble du paysage du haut d'une petite pagode, qui fut autrefois un temple catholique, ainsi que le constatent son architecture et l'inscription : « *Jesus hominum salvator* », gravée en lettres d'or sur le baldaquin d'un autel à colonnes cannelées dans le goût du XVIIe siècle. Ce temple était la chapelle même du palais de Constance, aventurier de génie qui le premier rêva la rénovation de l'Orient par l'Occident, invoqua pour l'exécution de ses desseins l'appui de Louis XIV, fit concéder aux Français les places de Bangkok et de Mergui, et périt victime de la haine et des intrigues du vieux parti conservateur siamois. Les ruines de sa demeure princière jonchent aujourd'hui la terre, mais le portique gothique encore debout et les pans de murs restés intacts indiquent de vastes proportions, tandis que de nombreux fragments de marbre témoignent du goût et de la magnificence du fondateur de l'édifice.

Sur le trajet aquatique qu'il parcourut, Henri Mouhot rencontra surtout des talapoins, prêtres bouddhistes de Siam, qui voguaient en toute hâte vers Ajuthia, rendez-vous désigné de la procession nautique qui, chaque année, lors de l'apogée de l'inondation, se rend en grande pompe au sommet du Delta pour signifier au Ménam que sa crue est suffisante et qu'il doit en conséquence baisser le niveau de ses eaux. Il visita Ajuthia pour la seconde fois, y fut témoin d'une chasse curieuse aux éléphants, et se dirigea vers Khaokhoc, lieu choisi par les rois de Siam pour y bâtir une place forte. Il y séjourna quelque temps parce que le pays était favorable à la chasse des insectes, et c'est là que le surprit la fin de l'année 1860. Avec quel attendrissement il pense alors à tous ceux qui lui sont chers! « Encore une année écoulée, année semée pour moi, comme pour tous, de joies, d'inquiétudes et de peines, et aujourd'hui plus encore que les autres jours mes pensées se reportent sur le petit nombre d'êtres qui me sont chers. Plus d'un cœur ami, à cette heure, répond aux battements du mien; j'en suis sûr, des vœux pour le pauvre voyageur s'élèvent à la fois et identiques des foyers de mon père, de ma femme et de mon frère, quelle que soit la distance qui les sépare. Tous désirent mon retour, et pourtant je ne suis qu'au début de ma nouvelle campagne : serait-ce d'un bon soldat de prendre son congé à la veille d'une bataille? Je suis aux portes de l'enfer, comme appellent cette forêt les Laotiens et les Siamois. Tous les êtres mystérieux de cet empire de la mort, semé des ossements de tant de pauvres voyageurs, dorment profondément sous cette voûte épaisse. Je n'ai rien qui pourrait effrayer les démons qui l'habitent, aucun talisman que mon amour pour la science et ma croyance en Dieu. Si je dois mourir ici, quand l'heure sonnera, je serai prêt. » Hélas! l'heure fatale, qu'il considérait avec tant de sérénité, ne devait plus guère se faire attendre!

Au mois de mars il s'engagea profondément dans la forêt du *Roi-du-Feu;* sur dix nouveaux venus qui la traversent, la mort recrute, même dans la bonne saison, un ou deux individus; dans la saison des pluies le nombre des victimes doit être beaucoup plus considérable, car une fois la terre détrempée, d'une extré-

CABANES LAOTIENNES

mité à l'autre, le chemin n'est qu'un chapelet de fondrières, les rizières sont couvertes de plusieurs pieds d'eau, et après cinq ou six jours de marche dans la vase, le voyageur ne cesse de transpirer au milieu d'une atmosphère d'une puanteur extrême, chaude comme une étuve chargée de miasmes putrides. Henri Mouhot perdit un Chinois de sa caravane, plusieurs bœufs, piétina pendant quinze jours le sol de ces affreux sentiers, tourmenté par les fourmis blanches, tenu en alerte par les voleurs; il traversa plusieurs villages considérables et entièrement inconnus, découvrit une petite tribu de Karens qui, pour conserver leur indépendance, vivent à peu près séquestrés, et il arriva à Korat, qui est le chef-lieu de la province du même nom et le grand marché de tout le Laos oriental. La ville proprement dite ne doit pas contenir plus de cinq à six mille habitants, mais la province compte une foule de villages et plus de onze petites villes ou chefs-lieux de districts, espacés à quatre, six et huit journées de distance. Ce petit Etat est simplement tributaire de Siam, mais à la condition de fournir la première et la plus considérable levée d'hommes en cas de guerre. Le tribut consiste en or, en argent et en soie. Korat est un nid de voleurs et d'assassins, le repaire de l'écume des deux races siamoise et laotienne; bandits et gens sans aveu, échappés d'esclavage ou de prison sont attirés là sur une scène plus digne d'eux, comme les corbeaux et les loups qui suivent les armées et les caravanes. Ce n'est pas qu'ils jouissent d'une impunité complète; le gouverneur de Korat est vice-roi de tout l'Etat; il a droit de vie et de mort et il en use avec un sang-froid implacable; il coupe une tête et un poignet sans y mettre beaucoup de façons. Il n'y a ni gendarmes ni police; c'est au volé à arrêter le voleur, s'il peut, et à l'amener devant le juge; son voisin même ne lui prêterait pas main-forte; aussi les maisons du quartier chinois, qui est le bazar, sont-elles entourées de palissades de neuf pieds de hauteur et fortes comme celles d'un rempart. Tous les jours, dans la saison favorable aux voyages, des caravanes y transportent des peaux de daims, de cerf, de panthère, beaucoup de soie écrue, des langoutis de coton et de soie, des queues de paon, de l'ivoire, des dents d'éléphant, du sucre. Le commerce enrichit le plus grand nombre des Chinois, et quoiqu'ils commencent pauvres et avec des marchandises d'emprunt, un petit nombre de voyages suffit pour leur donner un capital. A neuf milles de Korat, Mouhot visita un temple nommé Penom-Wat, très remarquable, quoique bien moins grand et moins beau que ceux d'Ongkor. Il a 36 mètres de long sur 14 de large, et le plan figure assez bien une croix. Il est composé de deux pavillons ou chapelles avec toit de pierres en voûte et portiques de la plus grande élégance. C'est une œuvre des Khmerdôm et il doit remonter aux règnes illustres qui ont laissé sur divers points de l'empire des traces de leur grandeur.

En quittant Korat, Mouhot pénétra dans l'intérieur du Laos, qu'aucun voyageur n'avait encore exploré. Il emportait une excellente lettre du vice-roi, et le Chinois chez lequel il logeait avait jugé bon de la compléter par les conseils suivants : « Achetez un tam-tam, et partout où vous vous arrêterez, faites-le résonner. Aussitôt on dira : « Voilà un officier du roi ! » Les voleurs s'éloigneront, et les autorités auront de la considération pour vous. Si cela ne suffit pas, la chose indispensable, si vous voulez lever les obstacles que les chefs laotiens ne manqueront pas de mettre partout sur votre route, c'est un bon rotin ; le plus long sera le meilleur, et essayez-le sur le dos de tous les mandarins qui feront la moindre résistance ou n'obtempéreront pas de suite à vos ordres. Mettez votre délicatesse de côté ; le Laos n'est pas le pays des Francs ; suivez mon conseil, et vous verrez que vous vous en trouverez bien. » De pareils avis promettaient une variété d'incidents, sans compter les accidents que l'on ne manquerait pas d'éprouver en traversant toute cette mer de montagnes qui s'étend sur un espace de près de cinq cents milles de Korat à Luang-Prabang. Les moindres ennemis du voyageur dans cette région sont des myriades de moustiques et de pucerons imperceptibles, dont la piqûre, excessivement douloureuse, vous cause d'énormes ampoules, des légions de taons qui, à la tombée du jour, ne vous laissent aucun repos, des essaims de sangsues qui sortent de terre aussitôt qu'il pleut, sentent l'homme à plus de vingt pas, et de tous les côtés viennent avec une vitesse incroyable lui sucer le sang. Se couvrir les jambes d'une bonne et solide couche de chaux est le seul moyen de les empêcher d'envahir tout le corps pendant la marche. Mouhot a raconté tous les épisodes de ce dernier voyage avec sa verve ordinaire, et sans plus s'inquiéter de la fièvre que des tigres, il a fait une carte de toute cette contrée, il a complété ses collections et il a étudié avec soin les mœurs des habitants, les dispositions géologiques et topographiques du pays, l'état du commerce et de l'industrie. Ainsi à Leuye, chef-lieu d'un district très riche en minerai, une montagne renferme des gîtes immenses d'un fer magnétique d'une qualité remarquable; une autre de l'antimoine, du cuivre argentifère et de l'étain. Le fer seul est exploité, et la population moitié agricole, moitié industrielle, fournit d'instruments de labour et de coutelas toutes les provinces voisines jusqu'au-delà de Korat. Dans plusieurs localités, il y a des sables aurifères; le mûrier ne réussit pas dans ces montagnes; mais, par contre, on élève en quantité l'insecte qui produit la laque, et on cultive à cet effet l'arbuste dont les feuilles servent à sa nourriture. L'extrémité nord de la principauté de Luang-Prabang produit toute la gomme benjoin qui est vendue à Bangkok. Les Laotiens ressemblent beaucoup aux Siamois; les femmes portent les cheveux longs et une jupe pendante, ce qui leur va bien quand elles sont jeunes et qu'elles sont peignées. Elles sont alors mieux que celles du Ménam ; mais à un âge un peu avancé, leur chignon jeté négligemment sur l'une ou l'autre tempe, et les goîtres d'une grosseur énorme dont elles sont affectées, les rendent d'une laideur repoussante. La plupart des villages se trouvent situés à une journée de distance les uns des autres ; cependant il faut quelquefois marcher trois ou quatre journées avant de rencontrer une seule habitation ; on est alors forcé de coucher dans le jungle.

Le 25 juillet, Henri Mouhot arriva à Luang-Prabang, charmante petite ville qui, s'étendant sur un espace d'un mille carré, compte une population, non de 80,000 habitants, comme le dit Mgr Pallegoix dans son livre sur Siam, mais de sept à huit mille seulement. La situation est des plus agréables : les montagnes qui resserrent le Mékong forment une vallée circulaire et encadrent un tableau ravissant qui rappelle les beaux lacs de Côme et de Genève. Cette vallée serait un petit paradis, si ce n'était le soleil de la zone torride qui brille constamment sur elle ; sans la crainte des Siamois, et surtout des montagnes de jungles où réside la mort, elle tomberait vite entre les mains des Annamites, qui n'osent s'avancer qu'à sept journées de marche à l'est. C'est là que notre voyageur devait mourir ! Le 5 août, il fut reçu en grande pompe par le roi qui lui donna droit de vie et de mort sur tous ses sujets; cette visite lui coûta un fusil pour le premier roi, et une quantité de petits présents pour les princes. Le lendemain il eut une autre audience du deuxième roi, qui voulait aussi des cadeaux; il lui donna une loupe, une paire de lunettes à verres ronds, avec lesquels Sa Majesté en second avait l'air d'un gorille sans poil, un petit pain de savon marbré dont elle avait grand besoin, un flacon d'eau de Cologne et une bouteille de Cognac. Le 9 août, il prit congé de cette cour hospitalière pour visiter les districts à l'est et au nord de la ville; le 15, par une nuit splendide, il campa sur les bords du Nam-Kan, et quelque ravissant que fût le paysage, qui était tout diapré de teintes opalées, il ne put jouir de ce spectacle comme autrefois; il se sentait triste, pensif et malheureux. Il aurait voulu un peu de vie; la solitude continue lui pesait. A la date du 5 septembre il n'inscrivit plus rien sur son journal de voyage, mais jusqu'au 25 octobre il continua de tenir fidèlement son registre météorologique; les dernières notes inscrites sur son carnet de route sont à peine achevées : « Le 20 septembre, départ de B.....p. Le 28, ordre du Sénat de Luang-Prabang envoyé à B..... enjoignant aux autorités de ne pas me laisser dépasser cette limite. Le 15 octobre, départ pour revenir à Luang-Prabang. Le 18, halte à H..... Le 19, je suis atteint de la fièvre. Le 29 : Ayez pitié de moi, ô mon Dieu ! » Cette exclamation suprême, tracée d'une main tremblante, est la dernière que le pauvre voyageur ait confiée au papier. De violentes douleurs céphalalgiques et une prostration croissante semblent lui avoir fait tomber la plume des mains. Le 7 novembre le malade était pris de délire. Le 10, à sept heures du soir, il n'était plus. Vingt-quatre heures plus tard, sa dépouille mortelle fut inhumée auprès du village de Naphao, selon le rite européen, par les soins de Phraï et de Dong, ses fidèles domestiques, qui tous deux, trois mois plus tard, rapportaient à Bangkok, avec les détails qui précèdent, les collections, les effets et les papiers de leur maître. Qu'ils soient bénis pour leur fidélité !

Si prématurément close qu'ait été la carrière de Henri Mouhot, elle a été admirablement remplie; par ses travaux et par sa mort, cet héroïque et modeste savant a bien mérité de la science et de sa patrie. La relation de ses voyages publiée d'abord dans le *Tour du Monde* a paru un an plus tard en Angleterre, en deux volumes in-8°, et à Paris dans la Bibliothèque rose illustrée de la maison Hachette, qui a tenu à faire connaître à la France et à populariser les labeurs, l'esprit et le cœur de notre vaillant voyageur. Son journal et ses lettres révèlent le savant naturaliste, l'homme bon et serviable qui s'est fait aimer partout sans le rechercher et presque sans s'en apercevoir, le franc-comtois ferme et persévérant, qui a courageusement lutté contre toutes les misères et toutes les douleurs et l'historien impartial à l'esprit large, aux idées élevées, qui a eu à cœur de transmetre à la postérité le souvenir des vertus des braves missionnaires, nos compatriotes, qu'il a rencontrés sous les plus dangereuses latitudes. Né et élevé dans la religion protestante, il a su se rendre cher à ceux d'entre eux qui ont eu le bonheur de le posséder quelque jour, par la sincérité de sa foi, son dévouement à la science et l'observation de toutes les convenances, aussi se faisaient-ils un vrai plaisir de lui rendre tous les services en leur pouvoir, et lui de son côté rendait régulièrement hommage dans ses notes au dévouement de ces modestes pionniers de la foi qu'il trouvait dans les postes de péril et de sacrifice. Avec quel accent de touchante reconnaissance il raconte l'accueil qu'il reçut à la mission de Pinhalu, résidence de Mgr Miche, vicaire apostolique de la mission du Cambodge et de Laos. « Mgr Miche était absent pour le moment; mais je trouvai chez lui trois bons et aimables missionnaires qui me reçurent avec cette cordialité et cet empressement affectueux qu'il est si doux de rencontrer à l'étranger, et surtout de la part de compatriotes. M. Fontaine, le plus âgé des trois, compte près de vingt années de mission. J'éprouvais beaucoup de sympathie pour ce digne homme; il ne peut y avoir assez de missionnaires comme lui. Un de ses collègues, M. Arnoux, était non seulement mon compatriote comme Français, mais comme enfant du même département : il est né dans le canton du Russey et moi dans celui de Montbéliard. Il avait donc double titre à ma sympathie. En entendant ces braves et dévoués soldats de l'Eglise raconter leur misère passée et présente, j'étais quelquefois autant amusé qu'ému, tant ils le faisaient gaiement. C'est le propre des enfants de notre vaillante nation de savoir souffrir et mourir le sourire sur les lèvres. Quatre jours s'écoulèrent promptement dans l'aimable compagnie de ces bons prêtres, qui ne tenaient

LE TOMBEAU DE MOUHOT

pas moins à me procurer l'occasion de voir leur évêque que moi à faire sa connaissance. Je savais que je trouverais en lui un homme supérieur sous tous les rapports, mais je ne m'attendais pas à trouver dans ce héros des missions une simplicité et une humilité égales à son instruction et à la force de son caractère. » Comme nos missionnaires, Mouhot a eu le mérite de faire estimer et aimer le nom de la France jusqu'au fond de l'Indo-Chine, et plus de six ans après sa mort une circonstance solennelle révéla au gouvernement qui avait dédaigné ses services, tout le prestige qu'exerçait son nom et tout l'honneur que méritait sa mémoire. Une commission française, chargée par le gouverneur de Saïgon, de remonter le fleuve Mékong et d'en relever topographiquement le cours, croisa à plusieurs reprises les traces de Henri Mouhot, et dans le souvenir qu'il avait laissé dans ces contrées sauvages, nos compatriotes trouvèrent comme un talisman qui aplanit devant eux les obstacles du chemin et abaissa toutes les barrières. Au mois de mai 1867 la mission atteignait Luang-Prabang, et le 24 du même mois, son chef, le commandant de Lagrée, écrivait en Europe : « Nous avons trouvé partout ici le souvenir de notre compatriote Mouhot, qui, par la droiture de son caractère et sa bienveillance naturelle, s'était acquis l'estime et l'affection des indigènes. Tous ceux qui l'ont connu sont venus nous parler de lui en termes élogieux et sympathiques. Les regrets que devait nous inspirer la vue des lieux où s'est accomplie sa dernière lutte, ont été adoucis par la consolante satisfaction de trouver le nom français honorablement connu dans cette contrée lointaine... . J'ai demandé l'autorisation d'élever sur sa tombe un modeste monument qui attestât notre hommage et conservât sa mémoire dans le pays. Le roi a accédé à ce désir avec le plus bienveillant empressement et a voulu fournir tous les matériaux du monument. J'ai chargé M. de Laporte de faire exécuter ce travail, qui consiste en un massif de maçonnerie en briques, de 1 mètre 80 centimètres de longueur, de 1 mètre 10 centimètres de hauteur et 80 centimètres de largeur. Une pierre encadrée sous l'une des faces du monument porte le nom de Henri Mouhot et la date de 1867. » Le paysage autour du mausolée est gracieux et triste à la fois : quelques arbres au feuillage sombre l'abritent. Le bruissement de leurs cimes se mêle au grondement des eaux du Nam-Kan qui coulent à leurs pieds. En face s'élève un mur de roches noirâtres qui forme l'autre rive du torrent : nulle habitation, nulle trace humaine aux alentours. Seule parfois une pirogue légère passera devant ce lieu de repos, et le batelier laotien regardera avec respect, peut-être avec effroi, ce souvenir triste et touchant du passage d'un homme de bien qui est tombé en précurseur de notre civilisation, en éclaireur de notre drapeau, à cinq mille lieues de sa patrie, à quatre cents du point le plus rapproché qu'habite un Européen !

Jules Roy.

Cf sur Henri Mouhot :

Le Tour du Monde, nouveau journal des voyages; Paris, Hachette, années 1863-1871.

Travels in the centrals Parts of Indo-China, by the late M. Henri Mouhot, french naturalist. London 1864, 2 vol. in-8°.

Annales Franc-Comtoises, 31 décembre 1869, Henri Mouhot, par M. J.-M. Suchet, de l'Académie de Besançon.

Henri Mouhot. Voyage dans les royaumes de Siam, de Cambodge, de Laos et autres parties centrales de l'Indo-Chine, relation extraite du journal et de la correspondance de l'auteur, par Ferdinand de Lanoye; Paris, Hachette, 1872, un vol. in-12.

Xavier Marmier. En pays lointains, page 64 ; Paris, Hachette, 1876. In-12.

Revue de France, 15 septembre 1877, les explorations scientifiques du Cambodge.

Revue des Deux-Mondes, 15 septembre 1877, une mission archéologique aux ruines Khmers.

Across Chrysê, being the narrative of a journey of Exploration through the South China Border Lands from Canton to Mandalay by Archibald R. Colquhoun. London 1883. 2 vol. in-8°. — Une traduction française de ce remarquable ouvrage, auquel les événements actuels donnent un intérêt extraordinaire, paraîtra en janvier 1884 à la librairie H. Oudin et Cie, 51, rue Bonaparte.

Les illustrations de notre notice sur Henri Mouhot ont été tirées de la magnifique collection de gravures faites pour le Tour du Monde, *sur les dessins originaux du célèbre voyageur. MM. Hachette et Cie les ont mises gracieusement à notre disposition. Nous les prions de vouloir bien recevoir l'expression de toute notre gratitude.*

J. R.

DOLE. — TYPOGRAPHIE CH. BLIND.

CB
PER
LIBRUM

www.ingramcontent.com/pod-product-compliance
Ingram Content Group UK Ltd.
Pitfield, Milton Keynes, MK11 3LW, UK
UKHW012119240726
13965UKWH00005B/1848

9 782012 935143